NOVEN

ARCÁNGEL

Nueve días de poderosas oraciones por la protección divina y la guerra espiritual

Rev. P. Benedict Buchi

PÁGINA DE DERECHOS DE AUTOR

Contenido

4

Prefacio

La *Novena a San Miguel Arcángel* es un viaje espiritual de nueve días dedicado a invocar la intercesión de una de las figuras más poderosas de la tradición cristiana. Conocido como el protector del pueblo de Dios, San Miguel es un poderoso guerrero en la batalla contra el mal, un guardián de las almas y un defensor de la Iglesia. Este libro guía a aquellos que buscan su protección, guía y asistencia divinas en sus vidas diarias a través de la oración estructurada.

Las novenas, una serie de oraciones recitadas durante nueve días consecutivos, han sido parte de la tradición católica durante siglos. Sirven como un medio poderoso para acercarse a Dios, buscar la intervención divina y profundizar la vida espiritual. Al rezar una novena a San Miguel, invitamos a su presencia a que nos ayude en nuestras batallas espirituales, nos proteja contra las fuerzas de las tinieblas y llene nuestros corazones con la fuerza y el coraje necesarios para perseverar.

¿Quién es San Miguel Arcángel?

San Miguel Arcángel es reconocido como una de las figuras más importantes en las enseñanzas católicas sobre angelología. Su nombre significa "¿Quién como Dios?" —una frase que subraya su papel como defensor de la verdad divina. A menudo se le representa como un ángel guerrero, equipado con una armadura y una espada, victorioso sobre el diablo. En la Biblia, San Miguel aparece como el protector de Israel y el líder de las huestes celestiales en la batalla contra las fuerzas del mal.

La tradición católica sostiene que San Miguel desempeña cuatro deberes principales:

1. Para combatir a Satanás y sus ángeles caídos.

2. Para rescatar las almas de los fieles del poder del mal.

3. Para proteger al pueblo de Dios y a la Iglesia.

4. Para acompañar a las almas de los difuntos a su recompensa eterna.

Estos roles hacen de San Miguel una figura prominente en las oraciones que buscan protección, guía y fuerza, particularmente en tiempos de guerra espiritual.

Cómo usar este libro de novena

Este libro proporciona un enfoque estructurado para rezar una novena a San Miguel Arcángel. Cada día está cuidadosamente diseñado para enfocarse en un aspecto específico del crecimiento espiritual, la protección y la asistencia divina. El formato incluye:

- **Oraciones de apertura:** Para preparar tu corazón y tu mente para el enfoque del día.

- **Lecturas de las Escrituras:** Pasajes que se conectan con el tema del día, ofreciendo alimento espiritual.

- **Reflexiones:** Pensamientos meditativos o enseñanzas para profundizar tu comprensión.

9

- **Oraciones específicas:** Oraciones específicas que invocan la intercesión de San Miguel.

- **Oraciones finales:** Concluir las devociones de cada día con gratitud y confianza.

Para aprovechar al máximo esta experiencia, ten en cuenta las siguientes recomendaciones:

- **Reserva un tiempo cada día:** Encuentra un tiempo constante durante tu rutina diaria para dedicarlo a la novena. Ya sea por la mañana o por la noche, la constancia ayuda a establecer un hábito espiritual.

- **Cree un ambiente de oración:** Use velas, imágenes de San Miguel u otras ayudas devocionales para mejorar el ambiente.

- **Acércate con intención:** Reflexiona sobre la intención detrás de tu novena, ya sea para protección personal, sanación o una solicitud especial.

Este libro también incluye la *Coronilla de San Miguel* y la *Letanía de San Miguel*, que se pueden usar junto con la novena o como devociones independientes. Estas oraciones proporcionan formas adicionales de interactuar con la poderosa intercesión del arcángel y conectarse con los nueve coros angélicos.

Que esta *Novena a San Miguel Arcángel* sea una fuente de protección divina, fortaleza espiritual y fe firme en su vida. Al comenzar este viaje de nueve días, recuerde las palabras del mismo San Miguel: "¿Quién es como Dios?" Que este sea tu recordatorio para confiar en el poder de Dios y abrazar la protección de Su guerrero celestial.

Parte I

La Novena de Nueve Días a San Miguel Arcángel

La novena de nueve días a San Miguel Arcángel está diseñada para acercarte a este poderoso protector y guerrero espiritual. Cada día presenta un enfoque de oración específico para buscar la ayuda divina, el coraje y la protección contra los desafíos espirituales. A medida que avanza en la novena, tómese el tiempo para meditar sobre los temas y confíe en la guía de San Miguel.

Día 1: Buscando la Protección Divina

- **Oración de apertura:** *Oh glorioso San Miguel Arcángel, vengo ante ti buscando tu protección. Protégeme de las fuerzas del mal y protégeme del mal. A través de tu poderosa intercesión, que pueda sentir la seguridad y la paz que provienen del amor de Dios.*

- **Lectura de la Escritura:** Salmo 91:1-2 – "El que habita al abrigo del Altísimo, descansará a la sombra del Todopoderoso. Diré del Señor: 'Él es mi refugio y mi fortaleza, mi Dios, en quien confío'".

- **Reflexión:**
Considere cómo San Miguel ofrece protección no solo contra los peligros físicos, sino también

contra las amenazas espirituales. Pide su escudo para que te guarde en tiempos de prueba.

- **Enfoque específico de la oración:**
  San Miguel, defiéndeme en la batalla. Sé mi protección contra la maldad y las asechanzas del diablo. Que tu presencia me dé valor mientras camino por este mundo.

- **Oración final:**
  Padre Celestial, gracias por enviar a San Miguel para que sea nuestro protector. Que siempre encuentre seguridad bajo sus alas, sabiendo que Tú eres mi último refugio. Amén.

Día 2: Fuerza en la Guerra Espiritual

- **Oración de apertura:** *San Miguel, tú eres el líder del ejército celestial de Dios. Concédeme la fuerza para resistir las tentaciones y los ataques del enemigo. Permíteme ser firme en la fe y valiente en la batalla.*

- **Lectura de la Escritura:** Efesios 6:11 – "Vestíos de toda la armadura de Dios, para que podáis resistir las asechanzas del diablo".

- **Reflexión:**
Reflexiona sobre el poder del liderazgo de San Miguel en las batallas espirituales. Invoca su

ayuda para luchar contra las luchas internas que pueden debilitar tu fe.

- **Enfoque específico de la oración:**
  Poderoso San Miguel, concédeme coraje y fuerza en las batallas espirituales que enfrento. Ayúdame a mantenerme firme ante la adversidad y a triunfar sobre el mal.

- **Oración final:**
  Señor, que Tu poderoso guerrero, San Miguel, me acompañe en mis pruebas y me guíe a la victoria sobre todo lo que amenaza mi alma. Amén.

Día 3: Guía y Sabiduría

- **Oración de apertura:**
Oh San Miguel, luz de la verdad y protector de la sabiduría de Dios, ayúdame a discernir la voluntad de Dios en mi vida. Guía mis pasos por el camino de la justicia.

- **Lectura de la Escritura:**
Proverbios 3:5-6 – "Confía en el Señor con todo tu corazón y no te apoyes en tu propio entendimiento; sométanse a Él en todos sus caminos, y Él enderezará sus sendas".

- **Reflexión:**
Piensa en las áreas de tu vida en las que buscas orientación. Pídele a San Miguel que te ayude a ver el camino correcto y a seguirlo fielmente.

- **Enfoque específico de oración:**
San Miguel, ilumina mi camino y concédeme la sabiduría para tomar decisiones que se alineen con la voluntad de Dios. Que siempre camine en la luz de la verdad.

- **Oración   final:**
Padre Celestial, gracias por la guía de San Miguel. Que su luz siempre me muestre el camino y me acerque más a Ti. Amén.

Día 4: Liberación del Mal

- **Oración   de   apertura:**
San Miguel, libertador de almas, te pido que me liberes de todas las malas influencias y situaciones

dañinas. Rompe las cadenas que me atan y libérame.

- **Lectura de la Escritura:** Mateo 6:13 – "Y no nos dejes caer en tentación, sino líbranos del mal".

- **Reflexión:**
Medita sobre las áreas de tu vida en las que necesitas liberación. Pídele a San Miguel que ahuyente las fuerzas negativas que perturban tu paz.

- **Enfoque específico de oración:**
San Miguel, líbrame de todos los espíritus malignos, pensamientos y acciones dañinas. Ayúdame a vivir una vida que refleje el amor y la bondad de Dios.

- **Oración final:**
Señor, por la intercesión de San

Miguel, concédeme liberarme de toda forma de mal. Protege mi alma y mantenme bajo Tu amoroso cuidado. Amén.

Día 5: Sanación y Restauración

- **Oración de apertura:** *San Miguel, portador de sanación, vengo ante ti buscando la restauración de mi cuerpo, mente y espíritu. Ayúdame a encontrar la plenitud en la gracia de Dios.*

- **Lectura de la Escritura:** Jeremías 30:17 – "Pero yo te devolveré la salud y sanaré tus heridas, dice el Señor".

- **Reflexión:** Reflexiona sobre las áreas de tu vida en las que necesitas sanación. Confía en la intercesión de San Miguel para traer la restauración divina.

- **Enfoque Específico de Oración:**
San Miguel, concédeme sanación en todos los aspectos de mi vida. Que la gracia de Dios renueve mis fuerzas y restaure mi alma.

- **Oración final:**
Padre Celestial, gracias por el poder sanador de San Miguel. Que pueda experimentar la plenitud de Tu amor y gracia en mi camino hacia la salud. Amén.

Día 6: Coraje y Fortaleza

- **Oración de apertura:**
Oh San Miguel, tú eres el

campeón del coraje y la fortaleza. Fortalezca mi determinación de vivir fielmente frente a los desafíos de la vida.

- **Lectura de la Escritura:** Josué 1:9 – "¿No te lo he mandado? Sé fuerte y valiente. No tengáis miedo; no te desanimes, porque el Señor tu Dios estará contigo dondequiera que vayas".

- **Reflexión:**
Piensa en los momentos en los que necesitas valor. Pídele a San Miguel que refuerce tu espíritu y te ayude a vencer el miedo.

- **Enfoque Específico de Oración:**
San Miguel, infunde en mí el coraje para enfrentar cualquier

desafío con fe y determinación. Ayúdame a perseverar en mi caminar con Dios.

- **Oración final:** *Señor, por la intercesión de San Miguel, lléname de fuerza y coraje inquebrantables. Que siempre confíe en Tu poder. Amén.*

Día 7: Fe y Perseverancia

- **Oración de apertura:** *San Miguel, defensor de la fe, ayúdame a permanecer firme e inquebrantable en mi creencia. Que pueda perseverar en las pruebas con una confianza inquebrantable en Dios.*

- **Lectura de la Escritura:** Santiago 1:2-4 – "Hermanos míos, tened por puro gozo cuando os enfrentéis a muchas pruebas, porque sabéis que la prueba de vuestra fe produce perseverancia".

- **Reflexión:** Reflexiona sobre los momentos en los que tu fe es probada. Pide la fuerza para mantenerte comprometido incluso en tiempos difíciles.

- **Enfoque específico de oración:** *San Miguel, ayúdame a mantener una fe fuerte y duradera. Que mi espíritu permanezca firme en la adversidad.*

- **Oración final:** *Padre Celestial, gracias por el don de la perseverancia. Que San Miguel esté siempre a mi lado para inspirar mi fe y mi fortaleza. Amén.*

Día 8: Escudo contra la tentación

- **Oración de apertura:** *San Miguel, protector contra la tentación, ayúdame a resistir todo lo que me aleja del camino* de Dios. Párate como un escudo contra los deseos dañinos.

- **Lectura de la Escritura:** 1 Corintios 10:13 – "No os ha sobrevenido ninguna tentación que no sea humana. Y Dios es fiel; Él no permitirá que seas tentado más de lo que puedas soportar".

- **Reflexión:**
Identifique las áreas donde la tentación puede ser fuerte. Reza por la gracia de evitar caer en el pecado.

- **Enfoque específico de la oración:**
San Miguel, mantenme fuerte en los momentos de debilidad. Ayúdame a permanecer puro de

corazón y fiel a la voluntad de Dios.

- **Oración   final:** *Señor, concédeme la fuerza para vencer la tentación. Que San Miguel me proteja de todo lo que busca dañar mi alma. Amén.*

Día 9: Victoria y Gratitud

- **Oración   de   apertura:** *Oh victorioso San Miguel, te agradezco por tu guía y protección. Permíteme vivir en la victoria del amor de Dios y estar eternamente agradecido por tu ayuda.*

- **Lectura de la Escritura: Romanos** 8:37 – "En todas estas cosas somos más que vencedores por medio de aquel que nos amó".

- **Reflexión:**
Reflexiona sobre las victorias espirituales logradas durante la novena. Da gracias por el viaje y las bendiciones recibidas.

- **Enfoque específico de la oración:**
San Miguel, me regocijo en la victoria que me has ayudado a lograr. Que siempre viva en gratitud y alabo el santo nombre de Dios.

- **Oración final:**
Padre Celestial, gracias por escuchar mis oraciones. Que la intercesión de San Miguel me siga

guiando a lo largo de mi vida. Amén.

Parte II

La Coronilla de San Miguel Arcángel

La Coronilla de San Miguel es un poderoso devocional que invoca a San Miguel Arcángel y a los nueve coros de ángeles. Esta práctica de oración no solo busca la protección e intercesión de San Miguel, sino que también venera a toda la hueste celestial, reconociendo su papel en el plan divino de Dios. Rezar la coronilla invita a la asistencia de los ángeles para que nos ayuden a protegernos y guiarnos en nuestro viaje espiritual.

La coronilla consta de una oración introductoria, nueve saludos a cada coro de ángeles, una invocación a San

Miguel y oraciones finales. Cada salutación corresponde a un coro diferente de ángeles, comenzando con los Serafines y terminando con los Ángeles, reconociendo las características y poderes únicos de cada grupo angélico.

Cómo rezar la Coronilla de San Miguel

1. **Comienza con la Señal de la Cruz**

   en el nombre del Padre, y del Hijo, y del Espíritu Santo. Amén.

2. **Oración introductoria**

   Oh Dios, ven en mi ayuda. Oh Señor, apresúrate a ayudarme. Gloria al Padre, y al Hijo, y al Espíritu Santo, como fue en el principio, es ahora, y siempre será, por los siglos de los siglos. Amén.

Los Nueve Saludos

Para cada una de las nueve salutaciones, comience anunciando el coro de ángeles, seguido de un Padre Nuestro y tres Ave Marías.

1. **Primera Salutación: Los Serafines**

   - *Por la intercesión de San Miguel y el coro celestial de los Serafines, que el Señor nos haga dignos de arder con el fuego de la caridad perfecta. Amén.*

   - Reza un Padre Nuestro y tres Avemarías.

2. **Segunda Salutación: Los Querubines**

   - *Por la intercesión de San Miguel y del coro celestial de los Querubines, que el Señor nos conceda la gracia de dejar los caminos del pecado y correr por los* senderos de la perfección cristiana. Amén.

- Reza un Padre Nuestro y tres Avemarías.

3. **Tercera Salutación: Los Tronos**

   - *Que por intercesión de San Miguel y del coro celestial de los Tronos, el Señor infunda en nuestros corazones un verdadero y sincero espíritu de humildad. Amén.*

   - Reza un Padre Nuestro y tres Avemarías.

4. **Cuarto Saludo: Los Dominios**

   - *Que por la intercesión de San Miguel y el coro*

celestial de los Dominios, que el Señor nos conceda la gracia de gobernar nuestros sentidos y vencer cualquier pasión rebelde. Amén.

○ Reza un Padre Nuestro y tres Avemarías.

5. **Quinto Saludo: Los Poderes**

○ *Por la intercesión de San Miguel y el coro celestial de los Poderes, que el Señor proteja nuestras almas contra las asechanzas y tentaciones del demonio. Amén.*

○ Reza un Padre Nuestro y tres Avemarías.

6. **Sexto Saludo: Las Virtudes**

- *Por la intercesión de San Miguel y el coro celestial de las Virtudes, que el Señor nos preserve del mal y no nos permita caer en la tentación. Amén.*

- Reza un Padre Nuestro y tres Avemarías.

7. **Séptima Saludación: Los Principados**

- *Que por la intercesión de San Miguel y del coro celestial de los Principados, el Señor llene nuestras almas de un verdadero espíritu de obediencia. Amén.*

- Reza un Padre Nuestro y tres Avemarías.

8. **Octavo Saludo: Los Arcángeles**

   - *Por la intercesión de San Miguel y el coro celestial de los Arcángeles, que el Señor nos conceda la perseverancia en la fe y en todas las buenas obras, para que podamos obtener la gloria del Paraíso. Amén.*

   - Reza un Padre Nuestro y tres Avemarías.

9. **Novena Saludación: Los Ángeles**

   - *Por la intercesión de San Miguel y del coro celestial de los ángeles, que el Señor nos conceda ser protegidos por ellos en esta vida mortal*

y conducidos en el más allá
a la gloria eterna. Amén.

o Reza un Padre Nuestro y
tres Avemarías.

Oraciones finales

1. Oraciones a San Miguel

o *Oh glorioso príncipe San*
Miguel, jefe y comandante
de las huestes celestiales,
guardián de las almas,
vencedor de los espíritus
rebeldes, siervo en la casa
del Divino Rey y nuestro
admirable conductor, tú que
brillas con excelencia y
virtud sobrehumana,
líbranos de todo mal, que te
diriges con confianza, y

39

permítenos con tu graciosa protección servir a Dios cada día más y más fielmente.

2. **Oración a los Ángeles de la Guarda**

   - *Oh Santos Ángeles, velad por nosotros en todo momento durante esta vida peligrosa; ilumínanos, defiéndenos y guíanos al cielo. Amén.*

3. **Oración final**

   - *Oh Dios, que en tu maravillosa providencia has enviado misericordiosamente a tus santos ángeles para nuestra protección, escucha nuestras súplicas y concédenos descansar seguros bajo su infalible protección y servirte devotamente todos los días de nuestra vida. Por Cristo nuestro Señor. Amén.*

Opcional: Oración por las Almas del Purgatorio

- *San Miguel Arcángel, defiéndenos en nuestra batalla diaria para que no perezcamos en el Juicio Final. Ruega por nosotros, San Miguel, y por todos nuestros seres queridos que nos han precedido. Que sean llevados rápidamente a la luz del cielo. Amén.*

Parte III

Letanías de San Miguel Arcángel

Las Letanías de San Miguel Arcángel son una serie de invocaciones y peticiones que buscan la poderosa intercesión de San Miguel, el príncipe de las huestes celestiales. Cada línea de la letanía pide a San Miguel que ofrezca su ayuda en diversas necesidades espirituales, invocando su protección, guía y fuerza en nuestra vida diaria. Esta letanía es una oportunidad para profundizar la devoción a San Miguel y buscar su ayuda para superar las batallas espirituales y las tentaciones.

La letanía

Señor, ten piedad.

Señor, ten piedad.

Cristo, ten piedad.

Cristo, ten piedad.

Señor, ten piedad.

Señor, ten piedad.

Cristo, escúchanos.

Cristo, escúchanos en tu gracia.

Dios Padre del Cielo,

ten piedad de nosotros.

Dios Hijo, Redentor del mundo,

ten piedad de nosotros.

Dios Espíritu Santo,

ten piedad de nosotros.

Santísima Trinidad, un solo Dios,

ten piedad de nosotros.

Invocaciones a San Miguel

Santa María, Reina de los Ángeles,

ruega por nosotros.

San Miguel, el Arcángel,

ruega por nosotros.

San Miguel, Príncipe de las Huestes Celestiales,

ruega por nosotros.

San Miguel, defensor de la Iglesia,

ruega por nosotros.

San Miguel, protector de los fieles,

ruega por nosotros.

San Miguel, que derrocó a Lucifer y a sus seguidores,

ruega por nosotros.

San Miguel, que ahuyentas a todos los espíritus malignos,

ruega por nosotros.

San Miguel, que guarda las almas

de los justos,

ruega por nosotros.

San Miguel, guardián de las almas,

ruega por nosotros.

San Miguel, vencedor sobre las fuerzas de las tinieblas,

ruega por nosotros.

San Miguel, fuerza de los que luchan contra el mal,

ruega por nosotros.

San Miguel, luz de los que viven en la sombra de la muerte,

ruega por nosotros.

San Miguel, salvador de las almas del poder del enemigo,

ruega por nosotros.

San Miguel, guía y consolador de las almas que parten de esta vida,

ruega por nosotros.

San Miguel, abogado del pueblo de

Dios,

ruega por nosotros.

San Miguel, príncipe del ejército celestial,

ruega por nosotros.

San Miguel, abanderado del poder de Dios,

ruega por nosotros.

San Miguel, escudo del pueblo de Dios,

ruega por nosotros.

San Miguel, defensor de todos los que sufren,

ruega por nosotros.

San Miguel, guardián de la Iglesia militante,

ruega por nosotros.

San Miguel, fiel siervo de Dios,

ruega por nosotros.

Oraciones de protección y asistencia

5. **Cordero de Dios, que quitas los pecados del mundo,** *perdónanos, oh Señor.* **Cordero de Dios, que quitas los pecados del mundo,** *escúchanos, Señor.* **Cordero de Dios, que quitas los pecados del mundo,** *ten piedad de nosotros.*

6. **Ruega por nosotros, oh glorioso San Miguel,** *para que seamos dignos de las promesas de Cristo.*

Oración final

Oremos.

Oh Dios, que has establecido gloriosamente a San Miguel Arcángel como guardián de tu Iglesia y protector de los fieles, concédenos que, por su poderosa intercesión, seamos librados de todo mal y caminemos con firmeza en tu servicio. Que su protección nos rodete en tiempos de peligro, y que su guía ilumine nuestro camino hacia la salvación. Te lo pedimos por Cristo nuestro Señor. Amén.

Parte IV

Oraciones y devociones adicionales

En esta sección, encontrarás varias oraciones y devociones dedicadas a San Miguel Arcángel que pueden profundizar tu práctica espiritual y fortalecer tu conexión con este poderoso protector. Estas oraciones ofrecen diferentes formas de buscar la intercesión de San Miguel para protección, guía, fuerza y guerra espiritual. Ya sea que se usen a diario o en momentos especiales de necesidad, estas devociones proporcionan un medio para invitar la ayuda celestial de San Miguel a su vida.

1. Oración de protección

San Miguel Arcángel, defiéndenos en la batalla.

Sé nuestra salvaguardia contra la iniquidad y las trampas del diablo. Que Dios lo reprenda, lo pedimos humildemente, y tú, oh Príncipe de las Huestes Celestiales, por el poder de Dios, arrojes al infierno a Satanás y a todos los espíritus malignos que merodean por el mundo buscando la ruina de las almas. Amén.

2. Consagración a San Miguel Arcángel

Oh Glorioso Príncipe de las huestes celestiales, San Miguel Arcángel, me consagro a ti y me pongo bajo tu protección. Defiéndeme de los ataques del demonio, ayúdame a resistir la tentación

y concédeme el coraje para permanecer fiel a Dios. Guíame por el camino de la justicia e intercede por mí ante el trono del Todopoderoso. Que un día comparta la gloria eterna del cielo contigo y con todos los ángeles. Amén.

3. Oración para la Guerra Espiritual

Oh Poderoso San Miguel, Príncipe de los Ejércitos Celestiales, invoco tu poderosa ayuda en la batalla contra las fuerzas de las tinieblas. Protege mi alma contra las asechanzas del enemigo, y protégeme con tu armadura invencible.

Que tu espada corte las mentiras y los engaños del maligno, y que tu luz brille en mi vida, disipando todo miedo y duda. *Ayúdame a mantenerme firme en la fe y guíame a la victoria en Cristo. Por tu intercesión, que yo sea liberado de todo mal y permanezca en la gracia de Dios. Amén.*

4. Oración por la intercesión de San Miguel en tiempos de tentación

San Miguel Arcángel, ven en mi ayuda en tiempos de tentación. Concédeme la fuerza para resistir al mal y elegir el camino de la justicia. Que tu presencia me recuerde el amor y el poder de Dios, y que tu asistencia me proteja de cualquier daño. Ayúdame a superar todos los obstáculos a la santidad, y que siempre permanezca fiel a Dios. Por tu poderosa intercesión, mantenme a salvo de todo peligro. Amén.

5. Oración a San Miguel para la protección de la familia

San Miguel Arcángel, protector de la Iglesia y defensor del pueblo de Dios, encomiendo mi familia a tu poderoso cuidado. Protégenos de todo mal y protege nuestro hogar de los peligros espirituales y físicos. Orientar nuestros pensamientos y acciones para que vivamos en paz y armonía, y nos mantengan cerca del amor de Dios. Cuida a cada miembro de mi familia, especialmente en los momentos de prueba y debilidad, y que tu intercesión nos traiga fuerza y unity.St. Miguel, defiéndenos y mantennos bajo tu cuidado. Amén.

6. Oración para sanación y liberación

San Miguel Arcángel, poderoso defensor y sanador, pido tu intercesión para la curación y la liberación. Protégeme de todo lo que daña mi cuerpo, mente y espíritu, y líbrame de las garras de cualquier influencia maligna.

Que tu luz disipe las tinieblas de mi vida, y que tu fuerza me levante en los momentos de debilidad. Intercede ante Dios por mí, para que pueda ser liberado de todas las aflicciones y restaurado a la integridad. En el nombre de Jesucristo, quien conquistó el pecado y la muerte, ruego por sanidad y liberación. Amén.

7. La Oración de las Siete Espadas

La Oración de las Siete Espadas llama a San Miguel a empuñar sus siete espadas de justicia divina contra las fuerzas del mal.

Oh San Miguel Arcángel, portador de las siete espadas de la justicia de Dios, derriba los poderes de las tinieblas que buscan dañarme. Con la primera espada, corta el miedo y la duda. Con la segunda espada, perfora el corazón de la tentación. Con la tercera espada, rompe las cadenas del pecado. Con la cuarta espada, corta las mentiras del maligno. Con la quinta espada, dispersa a los espíritus de confusión. Con la sexta espada, rompe las ataduras de la desesperación. Con la séptima espada, destruye todo mal que busque esclavizar mi alma. Que pueda ser victorioso en la gracia de Dios y protegido por tu poder celestial. Amén.

8. La Novena de la Rendición a San Miguel

Esta novena invita a desprenderse de las preocupaciones y las cargas, confiando plenamente en la intercesión de San Miguel y en la voluntad de Dios.

Día 1-9: Reza cada día: San Miguel, me entrego a tu cuidado. Toma todos mis miedos, ansiedades y luchas, y líbrame de ellos. Confío en ti y en el plan divino de Dios. Ayúdame a rendirme completamente a Su voluntad y a caminar en fe. Que tu guía me conduzca a la paz y a la libertad. Amén.

9. Invocación de los Nueve Coros de Ángeles

Oh Santos Ángeles, rodéame con tu presencia celestial. Serafines, inflamame con el amor divino. Querubines, ilumina mi mente con la sabiduría de Dios. Tronos, inspírame humildad. Dominios, concédeme autocontrol. Poderes, protégeme de todo mal. Virtudes, preservadme de la tentación. Principados, guíame en la obediencia. Arcángeles, fortaleced mi fe. Ángeles, sed mis compañeros en el viaje de la vida. Que pueda caminar en la gracia y el favor de Dios, ahora y siempre. Amén.

Parte V

San Miguel en la tradición católica

San Miguel Arcángel ocupa un lugar destacado en la tradición católica como jefe de las huestes celestiales y protector de la Iglesia. Su papel en las Sagradas Escrituras, la liturgia y las prácticas devocionales refleja su importancia en la vida espiritual de los fieles. Esta sección profundiza en la historia, el simbolismo y el papel de San Miguel dentro del catolicismo, ofreciendo una comprensión integral de su poderosa intercesión y su legado perdurable.

1. San Miguel en la Sagrada Escritura

San Miguel se menciona varias veces en la Biblia, donde se le representa como un guerrero y defensor contra las fuerzas del mal. Sus apariciones en las Escrituras resaltan su papel en la guerra espiritual y su compromiso con la justicia de Dios:

- **El Libro de Daniel (Daniel 10:13, 21; 12:1):** San Miguel es retratado como el protector de Israel y uno que se opone a los "príncipes" de las tinieblas. Se le llama el "gran príncipe" que defiende al pueblo de Dios.

- **El Libro del Apocalipsis (Apocalipsis 12:7-9):** San Miguel lidera el ejército celestial en la batalla contra el dragón (Satanás) y sus ángeles. Este enfrentamiento épico termina con la derrota de las fuerzas del mal, lo que significa el papel de San Miguel como comandante en jefe en la lucha contra Satanás.

- **La epístola de Judas (Judas 1:9):** San Miguel lucha con el diablo por el cuerpo de Moisés, lo que ilustra aún más su papel protector y la autoridad que Dios le dio.

Estos pasajes establecen a San Miguel como una figura de protección y justicia divinas, encargada de defender al pueblo de Dios contra los adversarios espirituales.

2. El papel de San Miguel en la liturgia

La presencia de San Miguel en la liturgia católica pone de relieve el reconocimiento de la Iglesia de su poderosa intercesión:

- **La Fiesta de San Miguel y Todos los Ángeles (29 de septiembre):** Esta fiesta, también conocida como la Fiesta de los Arcángeles, celebra a San Miguel junto con San Gabriel y San Rafael. La liturgia conmemora el papel de los arcángeles como mensajeros y siervos de Dios, con San Miguel honrado como el líder en la guerra espiritual.

- **La "Oración a San Miguel Arcángel":** Compuesta por el Papa León XIII en 1886, esta oración se recita a menudo después de la Misa para la protección de los fieles contra los poderes del mal. Se introdujo después de una visión en la que el Papa León XIII vio una gran lucha entre la Iglesia y las fuerzas de las tinieblas, con San Miguel liderando la defensa.

El papel de San Miguel en la liturgia enfatiza su importancia como protector e intercesor, llamado a la ayuda en las batallas espirituales.

3. San Miguel como Santo Patrón

El estatus de San Miguel como santo patrón se extiende a varios grupos y causas:

- **Protector de la Iglesia:** Como líder de los ejércitos celestiales, San Miguel es considerado el guardián de la Iglesia universal, defendiéndola de las amenazas tanto físicas como espirituales.

- **Patrón de los soldados y las fuerzas del orden:** San Miguel es a menudo invocado por aquellos que sirven en funciones militares y policiales, simbolizando la valentía, el coraje y la lucha por la justicia.

- **Patrón de los enfermos y moribundos:** Su papel como guía de las almas en la hora de la muerte lo convierte en un patrón para los moribundos, ofreciendo consuelo y protección mientras viajan al más allá.

Estos patronatos ponen de relieve su versatilidad como abogado celestial, capaz de interceder en favor de los fieles en diversas situaciones.

4. San Miguel en el arte y el simbolismo católico

San Miguel es una figura poderosa en la iconografía católica, a menudo representado con los siguientes símbolos:

- **Espada o Lanza:** Representa su papel como guerrero que derrota al mal y defiende la justicia divina.

- **Escudo o armadura:** Simboliza la protección, el coraje y la defensa contra los ataques espirituales.

- **Balanza:** Se utiliza para pesar las almas, enfatizando su papel en el juicio y la guía de las almas al más allá.

- **El Dragón o Serpiente:** San Miguel es representado frecuentemente de pie triunfalmente sobre un dragón o serpiente, simbolizando su victoria sobre Satanás.

Estas representaciones artísticas sirven como recordatorios visuales de su poderosa intercesión y firme compromiso con la causa de Dios.

5. San Miguel y la guerra espiritual

El concepto de guerra espiritual es fundamental para la devoción a San Miguel. Como líder de los ejércitos celestiales, está llamado a combatir no solo las amenazas físicas, sino también los peligros espirituales que amenazan el alma:

- **Protección contra la influencia demoníaca:** San Miguel es considerado un poderoso defensor contra los espíritus malignos y es invocado para la liberación de la opresión demoníaca.

- **Ayuda para vencer la tentación:** Las devociones a San Miguel pueden ayudar a las personas a resistir las tentaciones que las alejan de la gracia de Dios.

- **Guía en las batallas espirituales personales:** El papel de San Miguel en la vida espiritual incluye guiar a los fieles en sus luchas diarias contra el pecado y conducirlos hacia la santidad.

Este aspecto de su devoción anima a los católicos a reconocer la realidad del conflicto espiritual y a buscar la ayuda de San Miguel en su camino hacia la victoria espiritual.

6. Devociones populares a San Miguel

Muchas devociones tradicionales se han desarrollado a lo largo de los siglos, mejorando la vida espiritual de aquellos que buscan la intercesión de San Miguel:

- **La Coronilla de San Miguel:** Esta devoción incluye oraciones que honran a los nueve coros de ángeles e invocan la protección de San Miguel.

- **El Escapulario de San Miguel:** Llevar este escapulario es un signo de devoción al arcángel y una petición de su intercesión.

- **Consagración a San Miguel:** Muchos católicos optan por consagrarse a San Miguel, confiándole su bienestar espiritual y buscando su guía.

Estas prácticas devocionales fomentan una conexión más profunda con San

Miguel y sirven como medios poderosos para buscar su ayuda.

7. La influencia de San Miguel en la cultura y la tradición católica

El papel de San Miguel se extiende más allá de la devoción individual, influyendo en la cultura católica y la vida comunitaria:

- **Iglesias y capillas dedicadas a San Miguel:** Numerosas iglesias y capillas en todo el mundo llevan su nombre, lo que refleja su atractivo universal como protector.

- **Órdenes y organizaciones militares: A** lo largo de la historia, San Miguel ha inspirado varias órdenes y asociaciones

70

militares, enfatizando los ideales de coraje y rectitud.

- **La influencia de San Miguel en las tradiciones populares:** En muchas culturas, San Miguel se asocia con costumbres y creencias particulares, como los festivales de la cosecha y las celebraciones estacionales, reconociendo su papel como guardián de la creación.

Su impacto en la cultura católica subraya su relevancia atemporal y el reconocimiento generalizado de su poderosa intercesión.

Conclusión

San Miguel Arcángel es una figura de inmensa importancia espiritual dentro de la tradición católica, que encarna las virtudes del coraje, la protección y la justicia divina. A lo largo de la historia, ha sido invocado como un poderoso intercesor en la batalla contra el mal, un guardián para los fieles y un líder celestial que está a la vanguardia de la guerra espiritual. Las oraciones y devociones dedicadas a él, como la novena de nueve días, la coronilla y la letanía, sirven como herramientas importantes para los católicos que buscan su ayuda para superar los desafíos de la vida, resistir la tentación y acercarse más a Dios.

Las devociones a San Miguel conectan a los fieles con una larga tradición de invocar la asistencia de los arcángeles y reconocer la realidad del conflicto espiritual. Su papel de protector de la Iglesia, patrono de los soldados y de los moribundos, y guía en la hora de la muerte pone de relieve su influencia polifacética en la vida de los creyentes. A través de las oraciones diarias, las consagraciones y otras prácticas espirituales, los fieles pueden experimentar la profunda paz y la fuerza que provienen de confiar en la poderosa intercesión de San Miguel.

Como guerrero celestial, San Miguel ofrece esperanza y aliento a todos los que lo invocan. Sus victorias en la Sagrada Escritura nos recuerdan el triunfo definitivo del bien sobre el mal, mientras que su presencia en la liturgia y en la vida devocional enfatiza la batalla continua por el alma. Al recurrir a San Miguel, los católicos pueden encontrar un protector firme que esté listo para defenderse de las fuerzas de las tinieblas, guiarlos a través de su viaje espiritual y llevarlos cada vez más cerca de la luz eterna del amor de Dios.

Que este libro sirva como guía y compañero para fomentar una devoción profunda y significativa a San Miguel Arcángel, empoderándote para buscar su protección y confiar en su intercesión mientras caminas por el camino de la fe.

Made in United States
Troutdale, OR
02/26/2025

29333769R00046